START NOW

Bullet Diary

Name

Adresse

Index

Index

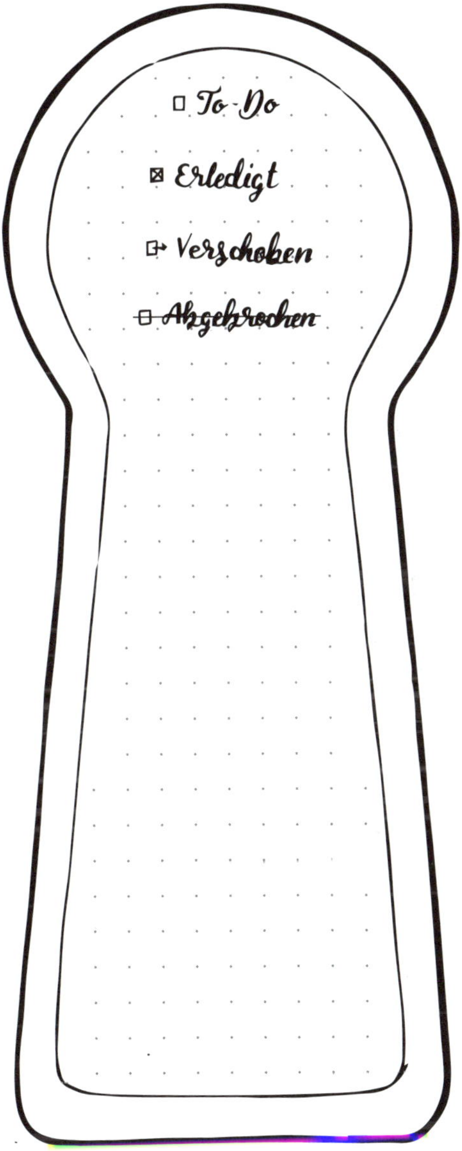
□ To-Do
☒ Erledigt
□→ Verschoben
~~□ Abgebrochen~~

Jahresübersicht

1	2	3	4	5	6	7
8	9	10	11	12	13	14
15	16	17	18	19	20	21
22	23	24	25	26	27	28
29	30	31				

1	2	3	4	5	6	7
8	9	10	11	12	13	14
15	16	17	18	19	20	21
22	23	24	25	26	27	28
29	30	31				

1	2	3	4	5	6	7
8	9	10	11	12	13	14
15	16	17	18	19	20	21
22	23	24	25	26	27	28
29	30	31				

- [ ] Geburtstage
- [ ] Arzttermine
- [ ] Feiertage
- [ ] Urlaub
- [ ] Ferien
- [ ] Fitness

1	2	3	4	5	6	7
8	9	10	11	12	13	14
15	16	17	18	19	20	21
22	23	24	25	26	27	28
29	30	31				

1	2	3	4	5	6	7
8	9	10	11	12	13	14
15	16	17	18	19	20	21
22	23	24	25	26	27	28
29	30	31				

1	2	3	4	5	6	7
8	9	10	11	12	13	14
15	16	17	18	19	20	21
22	23	24	25	26	27	28
29	30	31				

Dokumentiere alle wichtigen Ereignisse des Jahres!

1	2	3	4	5	6	7
8	9	10	11	12	13	14
15	16	17	18	19	20	21
22	23	24	25	26	27	28
29	30	31				

1	2	3	4	5	6	7
8	9	10	11	12	13	14
15	16	17	18	19	20	21
22	23	24	25	26	27	28
29	30	31				

1	2	3	4	5	6	7
8	9	10	11	12	13	14
15	16	17	18	19	20	21
22	23	24	25	26	27	28
29	30	31				

1	2	3	4	5	6	7
8	9	10	11	12	13	14
15	16	17	18	19	20	21
22	23	24	25	26	27	28
29	30	31				

1	2	3	4	5	6	7
8	9	10	11	12	13	14
15	16	17	18	19	20	21
22	23	24	25	26	27	28
29	30	31				

1	2	3	4	5	6	7
8	9	10	11	12	13	14
15	16	17	18	19	20	21
22	23	24	25	26	27	28
29	30	31				

Meine Ziele fürs Jahr

Karriere

#1 :

#2 :

#3 :

Persönliches

#1 :

#2 :

#3 :

Gesundheit

#1 :

#2 :

#3 :

Finanzen

#1 :

#2 :

#3 :

Meine Ideen

Projekt: ______________________________

Du kannst es schaffen!

Glaube an dich!

Weiter machen!

Projekt-Log

Stichtag

Notizen

Projekt: ______________________

Aufgabe: ______________

Aufgabe: ______________

Aufgabe: ______________

Stichtag

Projekt: ______________________

Aufgabe: ______________

Aufgabe: ______________

Aufgabe: ______________

Stichtag

Projekt:

Aufgabe:

Aufgabe:

Aufgabe:

Stichtag

Projekt:

Aufgabe:

Aufgabe:

Aufgabe:

Stichtag

Monats-übersicht

1	2	3	4
8	9	10	11
15	16	17	18
22	23	24	25
29	30	31	

5	6	7
12	13	14
19	20	21
26	27	28

Ziele

Habit Tracker

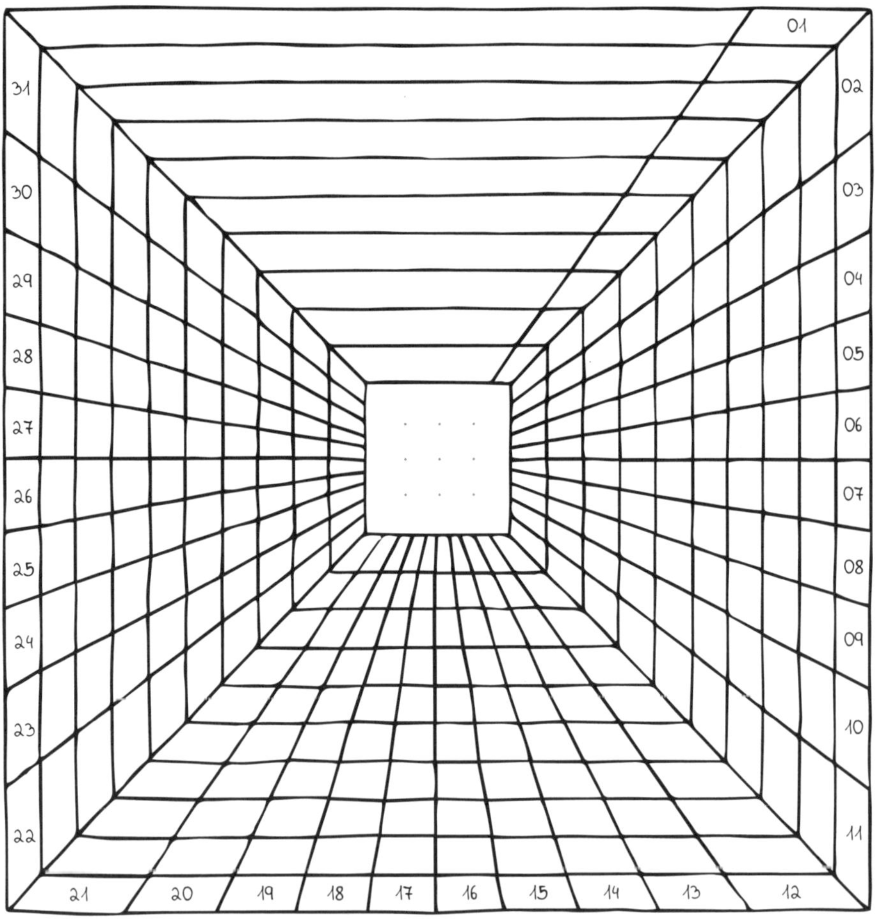

To-Do & Ziele

To-Do

Ziele

Montag

Dienstag

Ziele

1	2	3	4	5	6	7
8	9	10	11	12	13	14
15	16	17	18	19	20	21
22	23	24	25	26	27	28
29	30	31				

To-Do

Notizen

Mittwoch

Donnerstag

Freitag

Sonntag

Samstag

Montag

Dienstag

Ziele

1 2 3 4 5 6 7
8 9 10 11 12 13 14
15 16 17 18 19 20 21
22 23 24 25 26 27 28
29 30 31

To-Do

Notizen

Mittwoch

Donnerstag

Freitag

Samstag

Sonntag

Montag

Dienstag

Ziele

1	2	3	4	5	6	7
8	9	10	11	12	13	14
15	16	17	18	19	20	21
22	23	24	25	26	27	28
29	30	31				

To-Do

Notizen

Mittwoch

Donnerstag

Freitag

Sonntag

Samstag

Montag

Dienstag

Ziele

1	2	3	4	5	6	7
8	9	10	11	12	13	14
15	16	17	18	19	20	21
22	23	24	25	26	27	28
29	30	31				

To-Do

Notizen

Mittwoch

Donnerstag

Freitag

Sonntag

Samstag

Montag

Dienstag

Ziele

1	2	3	4	5	6	7
8	9	10	11	12	13	14
15	16	17	18	19	20	21
22	23	24	25	26	27	28
29	30	31				

To-Do

Notizen

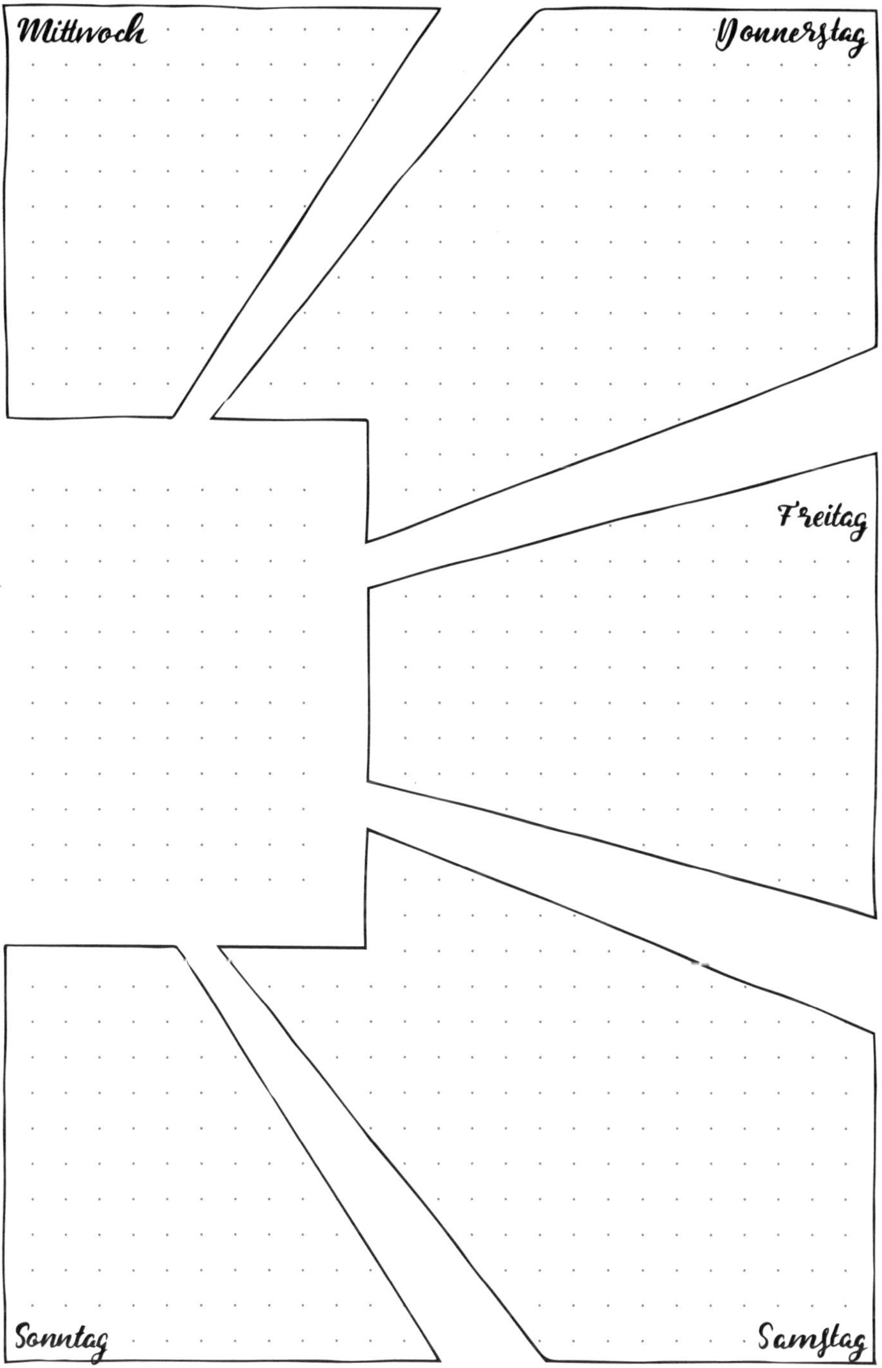
Mittwoch
Donnerstag
Freitag
Sonntag
Samstag

Monatsübersicht

1	2	3	4	5	6	7
8	9	10	11	12	13	14
15	16	17	18	19	20	21
22	23	24	25	26	27	28
29	30	31				

To-Do & Ziele

Habit Tracker

01										
02										
03										
04										
05										
06										
07										
08										
09										
10										
11										
12										
13										
14										
15										
16										
17										
18										
19										
20										
21										
22										
23										
24										
25										
26										
27										
28										
29										
30										
31										

Erinnerungen des Monats

Montag	Dienstag	Mittwoch	Donnerstag	Freitag

Samstag Sonntag

To-Do

Notizen

1	2	3	4	5	6	7
8	9	10	11	12	13	14
15	16	17	18	19	20	21
22	23	24	25	26	27	28
29	30	31				

Nächste Woche

Montag	Dienstag	Mittwoch	Donnerstag	Freitag

Samstag Sonntag

To-Do

Notizen

1	2	3	4	5	6	7
8	9	10	11	12	13	14
15	16	17	18	19	20	21
22	23	24	25	26	27	28
29	30	31				

Nächste Woche

Montag	Dienstag	Mittwoch	Donnerstag	Freitag

Samstag	Sonntag

To-Do

Notizen

1	2	3	4	5	6	7
8	9	10	11	12	13	14
15	16	17	18	19	20	21
22	23	24	25	26	27	28
29	30	31				

Nächste Woche

Montag	Dienstag	Mittwoch	Donnerstag	Freitag

Samstag	Sonntag

To-Do

Notizen

1	2	3	4	5	6	7
8	9	10	11	12	13	14
15	16	17	18	19	20	21
22	23	24	25	26	27	28
29	30	31				

Nächste Woche

Montag	Dienstag	Mittwoch	Donnerstag	Freitag

Samstag	Sonntag

To-Do

Notizen

1	2	3	4	5	6	7
8	9	10	11	12	13	14
15	16	17	18	19	20	21
22	23	24	25	26	27	28
29	30	31				

Nächste Woche

Monats-übersicht

01
02
03
04
05
06
07
08
09
10
11
12
13
14
15
16
17
18
19
20
21
22
23
24
25
26
27
28
29
30
31

To-Do & Ziele

Habit Tracker

01 02 03 04 05 06 07 08 09 10 11 12 13 14 15 16 17 18 19 20 21 22 23 24 25 26 27 28 29 30 31

Erinnerungen des Monats

1	2	3	4	5	6	7
8	9	10	11	12	13	14
15	16	17	18	19	20	21
22	23	24	25	26	27	28
29	30	31				

Montag

Dienstag

To-Dos

Mittwoch

Donnerstag

Freitag

Ziele

Samstag

Sonntag

Nächste Woche

Notizen

Ziele

1	2	3	4	5	6	7
8	9	10	11	12	13	14
15	16	17	18	19	20	21
22	23	24	25	26	27	28
29	30	31				

To-Dos

Montag

Dienstag

Mittwoch

Donnerstag

Freitag

Samstag

Sonntag

Notizen

Ziele

Ziele

Nächste Woche

1	2	3	4	5	6	7
8	9	10	11	12	13	14
15	16	17	18	19	20	21
22	23	24	25	26	27	28
29	30	31				

Montag

Dienstag

To-Dos

Mittwoch

Donnerstag

Freitag

Ziele

Samstag

Sonntag

Nächste Woche

Notizen

Ziele

1	2	3	4	5	6	7
8	9	10	11	12	13	14
15	16	17	18	19	20	21
22	23	24	25	26	27	28
29	30	31				

Montag

Dienstag

To-Dos

Mittwoch

Donnerstag

Freitag

Samstag

Sonntag

Notizen

Ziele

Ziele

Nächste Woche

1	2	3	4	5	6	7
8	9	10	11	12	13	14
15	16	17	18	19	20	21
22	23	24	25	26	27	28
29	30	31				

Montag

Dienstag

To-Dos

Mittwoch

Donnerstag

Freitag

Samstag

Sonntag

Notizen

Ziele

Ziele

Nächste Woche

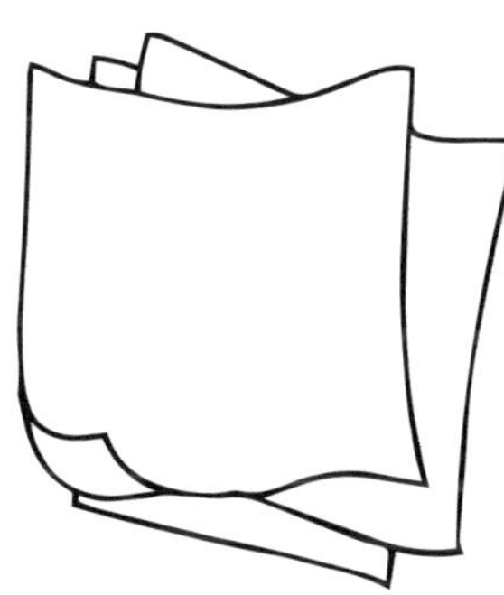

Monatsübersicht

1	2	3	4	5	6	7
8	9	10	11	12	13	14
15	16	17	18	19	20	21
22	23	24	25	26	27	28
29	30	31				

To-Do & Ziele

Habit Tracker

1	2	3	4	5	6	7	8	9	10	11
12	13	14	15	16	17	18	19	20	21	22
23	24	25	26	27	28	29	30	31		

Belohnung:

1	2	3	4	5	6	7	8	9	10	11
12	13	14	15	16	17	18	19	20	21	22
23	24	25	26	27	28	29	30	31		

Belohnung:

1	2	3	4	5	6	7	8	9	10	11
12	13	14	15	16	17	18	19	20	21	22
23	24	25	26	27	28	29	30	31		

Belohnung:

1	2	3	4	5	6	7	8	9	10	11
12	13	14	15	16	17	18	19	20	21	22
23	24	25	26	27	28	29	30	31		

Belohnung:

1	2	3	4	5	6	7	8	9	10	11
12	13	14	15	16	17	18	19	20	21	22
23	24	25	26	27	28	29	30	31		

Belohnung:

1	2	3	4	5	6	7	8	9	10	11
12	13	14	15	16	17	18	19	20	21	22
23	24	25	26	27	28	29	30	31		

Belohnung:

1	2	3	4	5	6	7	8	9	10	11
12	13	14	15	16	17	18	19	20	21	22
23	24	25	26	27	28	29	30	31		

Belohnung:

1	2	3	4	5	6	7	8	9	10	11
12	13	14	15	16	17	18	19	20	21	22
23	24	25	26	27	28	29	30	31		

Belohnung:

Erinnerungen des Monats

Dienstag

Montag

To-Do & Ziele

Wochenende

Mittwoch

Donnerstag

Freitag

Nächste Woche

Dienstag

Montag

To-Do & Ziele

Wochenende

Mittwoch

Donnerstag

Freitag

Nächste Woche

Montag

Dienstag

To-Do & Ziele

Wochenende

Mittwoch

Donnerstag

Freitag

Nächste Woche

Montag

Dienstag

To-Do & Ziele

Wochenende

Mittwoch

Donnerstag

Freitag

Nächste Woche

Dienstag

Montag

To-Do & Ziele

Wochenende

Mittwoch

Donnerstag

Freitag

Nächste Woche

Monats-übersicht

1	2	3	4
8	9	10	11
15	16	17	18
22	23	24	25
29	30	31	

5	6	7
12	13	14
19	20	21
26	27	28

Ziele

Habit Tracker

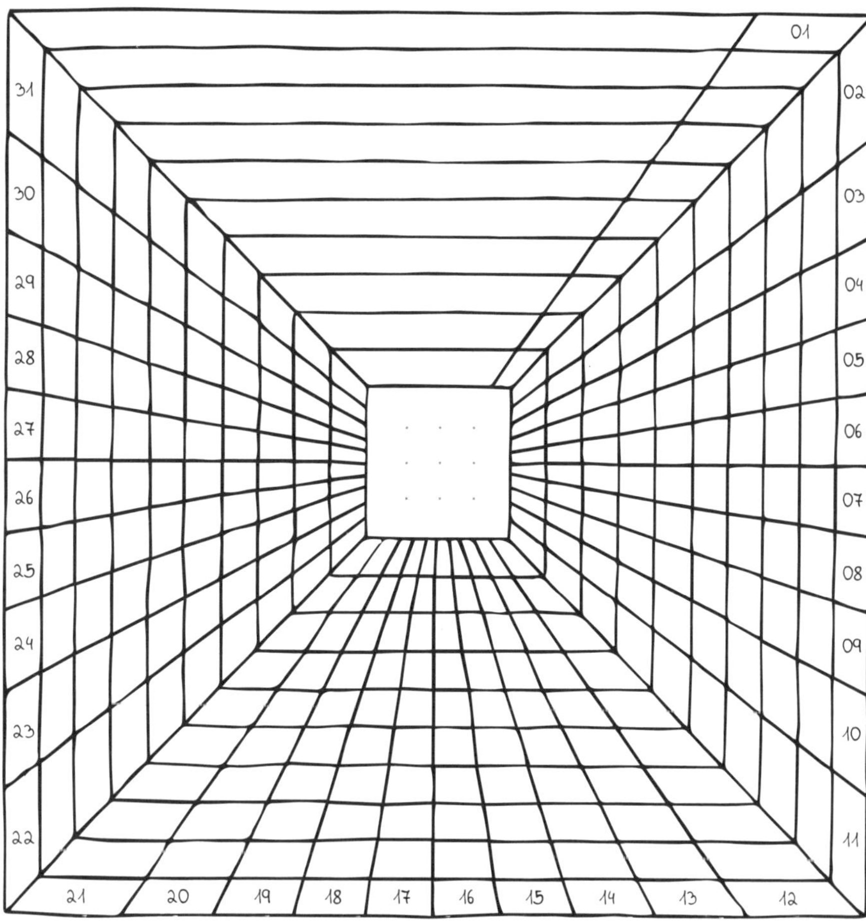

To-Do & Ziele

To-Do

Ziele

Montag

Dienstag

Ziele

1	2	3	4	5	6	7
8	9	10	11	12	13	14
15	16	17	18	19	20	21
22	23	24	25	26	27	28
29	30	31				

To-Do

Notizen

Mittwoch

Donnerstag

Freitag

Sonntag

Samstag

Montag

Dienstag

Ziele

1	2	3	4	5	6	7
8	9	10	11	12	13	14
15	16	17	18	19	20	21
22	23	24	25	26	27	28
29	30	31				

To-Do

Notizen

Mittwoch

Donnerstag

Freitag

Sonntag

Samstag

Montag

Dienstag

Ziele

1	2	3	4	5	6	7
8	9	10	11	12	13	14
15	16	17	18	19	20	21
22	23	24	25	26	27	28
29	30	31				

To-Do

Notizen

Mittwoch

Donnerstag

Freitag

Sonntag

Samstag

Montag

Dienstag

Ziele

1	2	3	4	5	6	7
8	9	10	11	12	13	14
15	16	17	18	19	20	21
22	23	24	25	26	27	28
29	30	31				

To-Do

Notizen

Mittwoch

Donnerstag

Freitag

Sonntag

Samstag

Montag

Dienstag

Ziele

1	2	3	4	5	6	7
8	9	10	11	12	13	14
15	16	17	18	19	20	21
22	23	24	25	26	27	28
29	30	31				

To-Do

Notizen

Mittwoch

Donnerstag

Freitag

Sonntag

Samstag

Monatsübersicht

1	2	3	4	5	6	7
8	9	10	11	12	13	14
15	16	17	18	19	20	21
22	23	24	25	26	27	28
29	30	31				

To-Do & Ziele

Habit Tracker

01										
02										
03										
04										
05										
06										
07										
08										
09										
10										
11										
12										
13										
14										
15										
16										
17										
18										
19										
20										
21										
22										
23										
24										
25										
26										
27										
28										
29										
30										
31										

Erinnerungen des Monats

Montag	Dienstag	Mittwoch	Donnerstag	Freitag

Samstag Sonntag

To-Do

Notizen

1	2	3	4	5	6	7
8	9	10	11	12	13	14
15	16	17	18	19	20	21
22	23	24	25	26	27	28
29	30	31				

Nächste Woche

Montag	Dienstag	Mittwoch	Donnerstag	Freitag

Samstag Sonntag

To-Do

Notizen

1	2	3	4	5	6	7
8	9	10	11	12	13	14
15	16	17	18	19	20	21
22	23	24	25	26	27	28
29	30	31				

Nächste Woche

Montag	Dienstag	Mittwoch	Donnerstag	Freitag

Samstag	Sonntag

To-Do

1	2	3	4	5	6	7
8	9	10	11	12	13	14
15	16	17	18	19	20	21
22	23	24	25	26	27	28
29	30	31				

Notizen

Nächste Woche

Montag	Dienstag	Mittwoch	Donnerstag	Freitag

Samstag Sonntag

To-Do

Notizen

1	2	3	4	5	6	7
8	9	10	11	12	13	14
15	16	17	18	19	20	21
22	23	24	25	26	27	28
29	30	31				

Nächste Woche

Montag	Dienstag	Mittwoch	Donnerstag	Freitag

Samstag Sonntag

To-Do

Notizen

1	2	3	4	5	6	7
8	9	10	11	12	13	14
15	16	17	18	19	20	21
22	23	24	25	26	27	28
29	30	31				

Nächste Woche

Monats-übersicht

01
02
03
04
05
06
07
08
09
10
11
12
13
14
15
16
17
18
19
20
21
22
23
24
25
26
27
28
29
30
31

To-Do & Ziele

Habit Tracker

01 02 03 04 05 06 07 08 09 10 11 12 13 14 15 16 17 18 19 20 21 22 23 24 25 26 27 28 29 30 31

Erinnerungen des Monats

1	2	3	4	5	6	7
8	9	10	11	12	13	14
15	16	17	18	19	20	21
22	23	24	25	26	27	28
29	30	31				

Montag

Dienstag

To-Dos

Mittwoch

Donnerstag

Freitag

Ziele

Samstag

Sonntag

Nächste Woche

Notizen

Ziele

1	2	3	4	5	6	7
8	9	10	11	12	13	14
15	16	17	18	19	20	21
22	23	24	25	26	27	28
29	30	31				

Montag

Dienstag

To-Dos

Mittwoch

Donnerstag

Freitag

Ziele

Samstag

Sonntag

Nächste Woche

Notizen

Ziele

1	2	3	4	5	6	7
8	9	10	11	12	13	14
15	16	17	18	19	20	21
22	23	24	25	26	27	28
29	30	31				

Montag

Dienstag

To-Dos

Mittwoch

Donnerstag

Freitag

Samstag

Sonntag

Notizen

Ziele

Ziele

Nächste Woche

1	2	3	4	5	6	7
8	9	10	11	12	13	14
15	16	17	18	19	20	21
22	23	24	25	26	27	28
29	30	31				

Montag

Dienstag

To-Dos

Mittwoch

Donnerstag

Freitag

Samstag

Sonntag

Notizen

Ziele

Ziele

Nächste Woche

1	2	3	4	5	6	7
8	9	10	11	12	13	14
15	16	17	18	19	20	21
22	23	24	25	26	27	28
29	30	31				

Montag

Dienstag

To-Dos

Mittwoch

Donnerstag

Freitag

Ziele

Samstag

Sonntag

Nächste Woche

Notizen

Ziele

Monatsübersicht

1	2	3	4	5	6	7
8	9	10	11	12	13	14
15	16	17	18	19	20	21
22	23	24	25	26	27	28
29	30	31				

To-Do & Ziele

Habit Tracker

Belohnung:

1	2	3	4	5	6	7	8	9	10	11
12	13	14	15	16	17	18	19	20	21	22
23	24	25	26	27	28	29	30	31		

Belohnung:

1	2	3	4	5	6	7	8	9	10	11
12	13	14	15	16	17	18	19	20	21	22
23	24	25	26	27	28	29	30	31		

Belohnung:

1	2	3	4	5	6	7	8	9	10	11
12	13	14	15	16	17	18	19	20	21	22
23	24	25	26	27	28	29	30	31		

Belohnung:

1	2	3	4	5	6	7	8	9	10	11
12	13	14	15	16	17	18	19	20	21	22
23	24	25	26	27	28	29	30	31		

Belohnung:

1	2	3	4	5	6	7	8	9	10	11
12	13	14	15	16	17	18	19	20	21	22
23	24	25	26	27	28	29	30	31		

Belohnung:

1	2	3	4	5	6	7	8	9	10	11
12	13	14	15	16	17	18	19	20	21	22
23	24	25	26	27	28	29	30	31		

Belohnung:

1	2	3	4	5	6	7	8	9	10	11
12	13	14	15	16	17	18	19	20	21	22
23	24	25	26	27	28	29	30	31		

Belohnung:

1	2	3	4	5	6	7	8	9	10	11
12	13	14	15	16	17	18	19	20	21	22
23	24	25	26	27	28	29	30	31		

5	6	7
12	13	14
19	20	21
26	27	28

Ziele

Habit Tracker

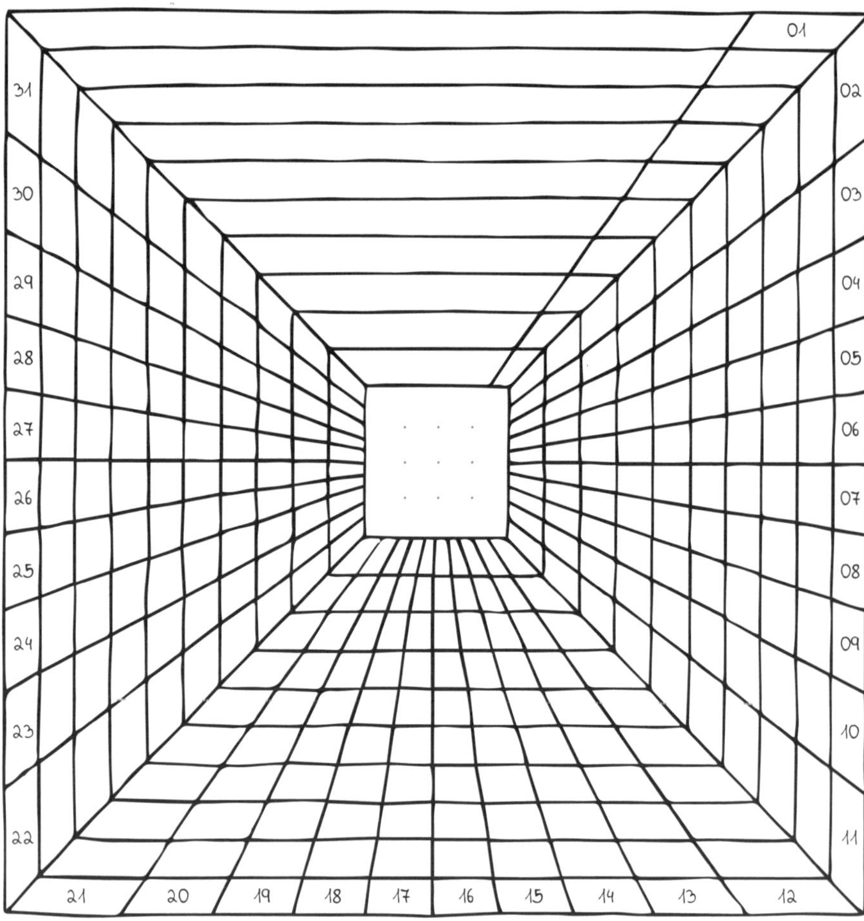

To-Do & Ziele

To-Do

Ziele

Montag

Dienstag

Ziele

1	2	3	4	5	6	7
8	9	10	11	12	13	14
15	16	17	18	19	20	21
22	23	24	25	26	27	28
29	30	31				

To-Do

Notizen

Mittwoch

Donnerstag

Freitag

Samstag

Sonntag

Montag

Dienstag

Ziele

1	2	3	4	5	6	7
8	9	10	11	12	13	14
15	16	17	18	19	20	21
22	23	24	25	26	27	28
29	30	31				

To-Do

Notizen

Mittwoch

Donnerstag

Freitag

Sonntag

Samstag

Montag

Dienstag

Ziele

1	2	3	4	5	6	7
8	9	10	11	12	13	14
15	16	17	18	19	20	21
22	23	24	25	26	27	28
29	30	31				

To-Do

Notizen

Mittwoch

Donnerstag

Freitag

Sonntag

Samstag

Montag

Dienstag

Ziele

1	2	3	4	5	6	7
8	9	10	11	12	13	14
15	16	17	18	19	20	21
22	23	24	25	26	27	28
29	30	31				

To-Do

Notizen

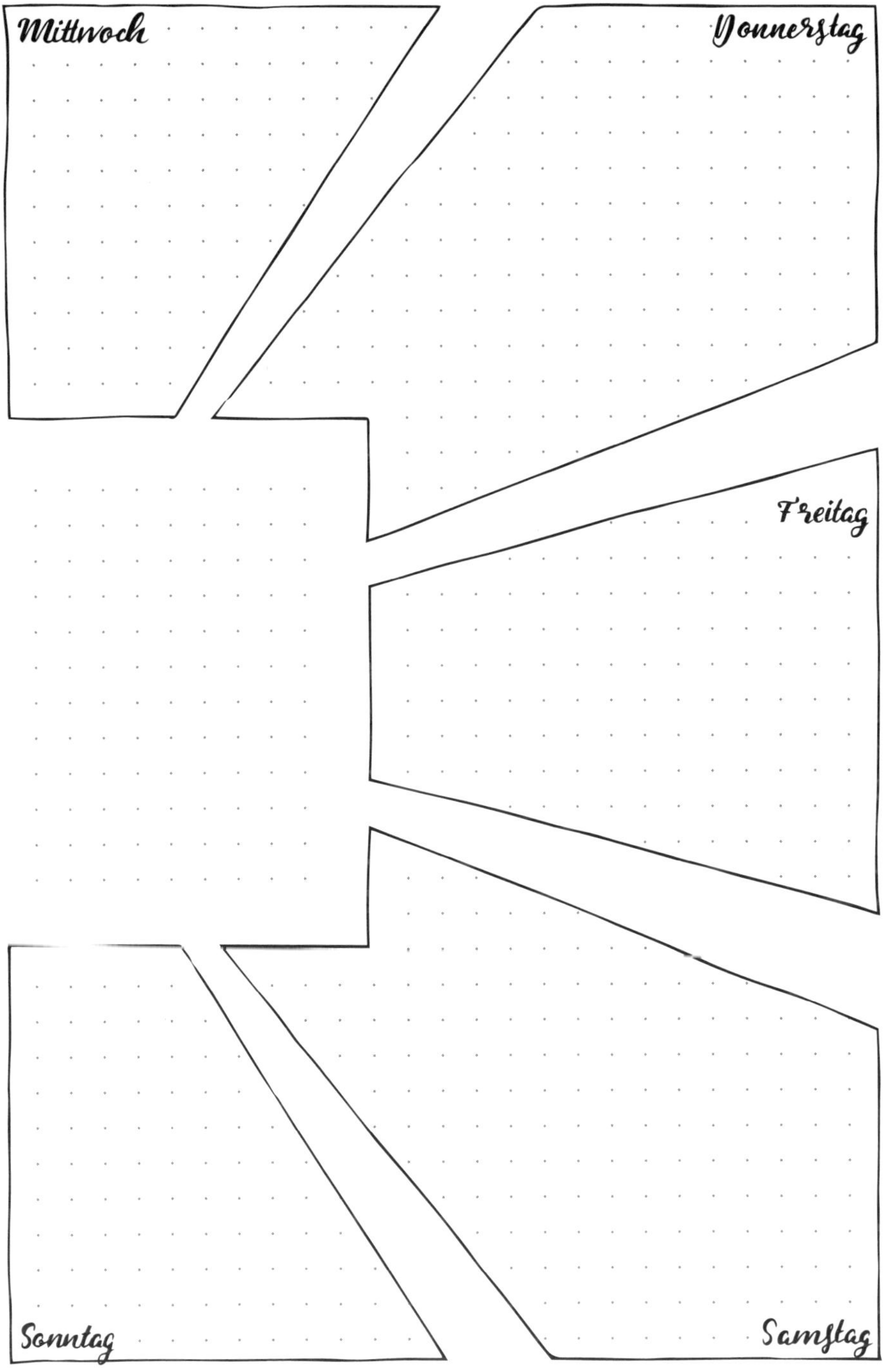
Mittwoch
Donnerstag
Freitag
Samstag
Sonntag

Montag

Dienstag

Ziele

1	2	3	4	5	6	7
8	9	10	11	12	13	14
15	16	17	18	19	20	21
22	23	24	25	26	27	28
29	30	31				

To-Do

Notizen

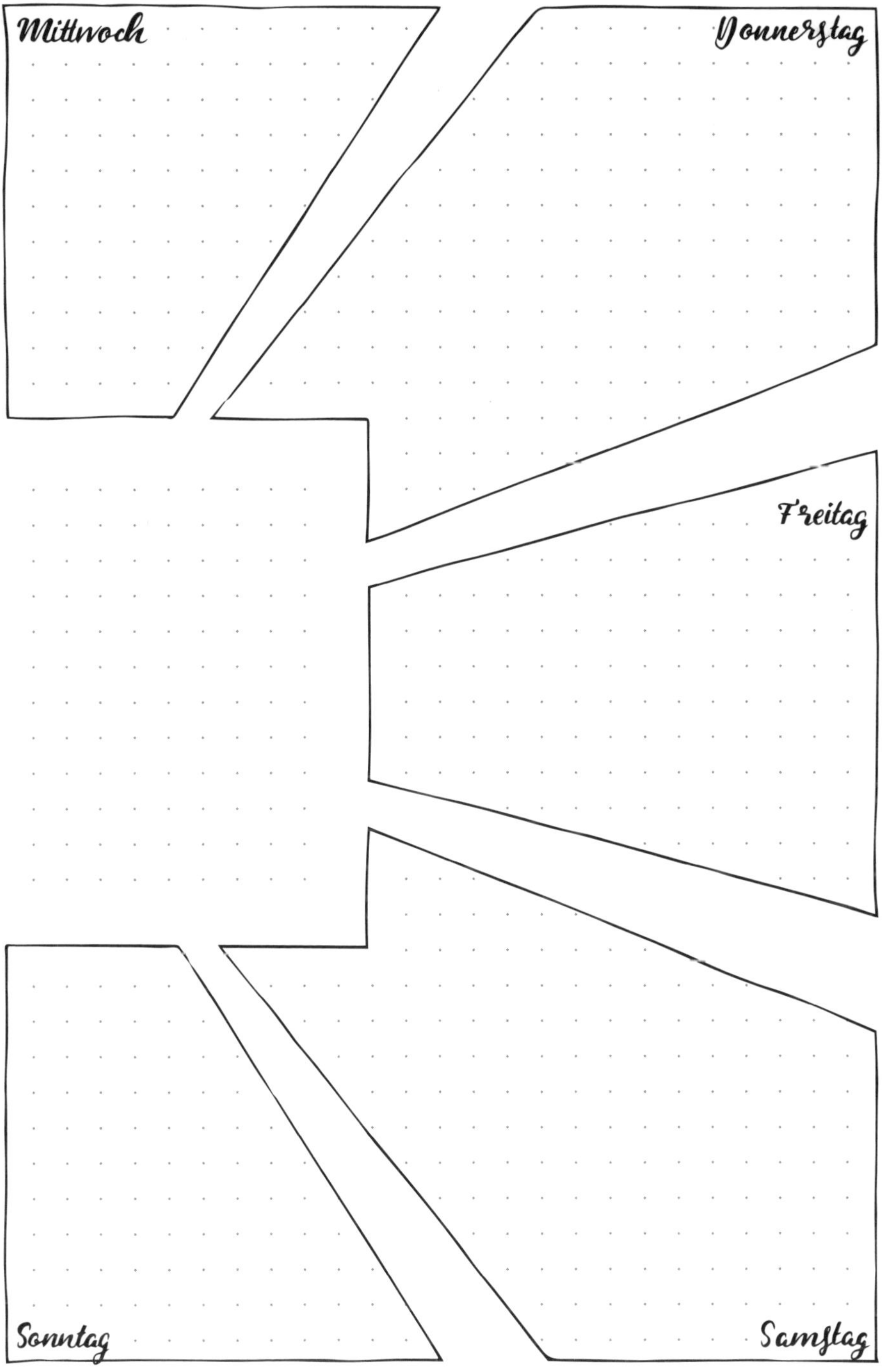
Mittwoch
Donnerstag
Freitag
Samstag
Sonntag

Monatsübersicht

1	2	3	4	5	6	7
8	9	10	11	12	13	14
15	16	17	18	19	20	21
22	23	24	25	26	27	28
29	30	31				

To-Do & Ziele

Habit Tracker

01										
02										
03										
04										
05										
06										
07										
08										
09										
10										
11										
12										
13										
14										
15										
16										
17										
18										
19										
20										
21										
22										
23										
24										
25										
26										
27										
28										
29										
30										
31										

Erinnerungen des Monats

Montag	Dienstag	Mittwoch	Donnerstag	Freitag

Samstag Sonntag

To-Do

Notizen

1	2	3	4	5	6	7
8	9	10	11	12	13	14
15	16	17	18	19	20	21
22	23	24	25	26	27	28
29	30	31				

Nächste Woche

Montag	Dienstag	Mittwoch	Donnerstag	Freitag

Samstag Sonntag

To-Do

Notizen

1	2	3	4	5	6	7
8	9	10	11	12	13	14
15	16	17	18	19	20	21
22	23	24	25	26	27	28
29	30	31				

Nächste Woche

Montag	Dienstag	Mittwoch	Donnerstag	Freitag

Samstag | Sonntag

To-Do

Notizen

1	2	3	4	5	6	7
8	9	10	11	12	13	14
15	16	17	18	19	20	21
22	23	24	25	26	27	28
29	30	31				

Nächste Woche

Montag	Dienstag	Mittwoch	Donnerstag	Freitag

Samstag Sonntag

To-Do

Notizen

1	2	3	4	5	6	7
8	9	10	11	12	13	14
15	16	17	18	19	20	21
22	23	24	25	26	27	28
29	30	31				

Nächste Woche

Montag	Dienstag	Mittwoch	Donnerstag	Freitag

Samstag Sonntag

To-Do

Notizen

1	2	3	4	5	6	7
8	9	10	11	12	13	14
15	16	17	18	19	20	21
22	23	24	25	26	27	28
29	30	31				

Nächste Woche

Monats-übersicht

01
02
03
04
05
06
07
08
09
10
11
12
13
14
15
16
17
18
19
20
21
22
23
24
25
26
27
28
29
30
31

To-Do & Ziele

Habit Tracker

01 02 03 04 05 06 07 08 09 10 11 12 13 14 15 16 17 18 19 20 21 22 23 24 25 26 27 28 29 30 31

Erinnerungen des Monats

Montag

Dienstag

1	2	3	4	5	6	7
8	9	10	11	12	13	14
15	16	17	18	19	20	21
22	23	24	25	26	27	28
29	30	31				

To-Dos

Mittwoch

Donnerstag

Freitag

Ziele

Samstag

Sonntag

Nächste Woche

Notizen

Ziele

1	2	3	4	5	6	7
8	9	10	11	12	13	14
15	16	17	18	19	20	21
22	23	24	25	26	27	28
29	30	31				

To-Dos

Montag

Dienstag

Mittwoch

Donnerstag

Freitag

Ziele

Samstag

Sonntag

Nächste Woche

Notizen

Ziele

1	2	3	4	5	6	7
8	9	10	11	12	13	14
15	16	17	18	19	20	21
22	23	24	25	26	27	28
29	30	31				

Montag

Dienstag

To-Dos

Mittwoch

Donnerstag

Freitag

Ziele

Samstag

Sonntag

Nächste Woche

Notizen

Ziele

1	2	3	4	5	6	7
8	9	10	11	12	13	14
15	16	17	18	19	20	21
22	23	24	25	26	27	28
29	30	31				

Montag

Dienstag

To-Dos

Mittwoch

Donnerstag

Freitag

Ziele

Samstag

Sonntag

Nächste Woche

Notizen

Ziele

1	2	3	4	5	6	7
8	9	10	11	12	13	14
15	16	17	18	19	20	21
22	23	24	25	26	27	28
29	30	31				

Montag

Dienstag

To-Dos

Mittwoch

Donnerstag

Freitag

Ziele

Samstag

Sonntag

Nächste Woche

Notizen

Ziele

Monatsübersicht

1	2	3	4	5	6	7
8	9	10	11	12	13	14
15	16	17	18	19	20	21
22	23	24	25	26	27	28
29	30	31				

To-Do & Ziele

Habit Tracker

Belohnung:

1	2	3	4	5	6	7	8	9	10	11
12	13	14	15	16	17	18	19	20	21	22
23	24	25	26	27	28	29	30	31		

Belohnung:

1	2	3	4	5	6	7	8	9	10	11
12	13	14	15	16	17	18	19	20	21	22
23	24	25	26	27	28	29	30	31		

Belohnung:

1	2	3	4	5	6	7	8	9	10	11
12	13	14	15	16	17	18	19	20	21	22
23	24	25	26	27	28	29	30	31		

Belohnung:

1	2	3	4	5	6	7	8	9	10	11
12	13	14	15	16	17	18	19	20	21	22
23	24	25	26	27	28	29	30	31		

Belohnung:

1	2	3	4	5	6	7	8	9	10	11
12	13	14	15	16	17	18	19	20	21	22
23	24	25	26	27	28	29	30	31		

Belohnung:

1	2	3	4	5	6	7	8	9	10	11
12	13	14	15	16	17	18	19	20	21	22
23	24	25	26	27	28	29	30	31		

Belohnung:

1	2	3	4	5	6	7	8	9	10	11
12	13	14	15	16	17	18	19	20	21	22
23	24	25	26	27	28	29	30	31		

Belohnung:

1	2	3	4	5	6	7	8	9	10	11
12	13	14	15	16	17	18	19	20	21	22
23	24	25	26	27	28	29	30	31		

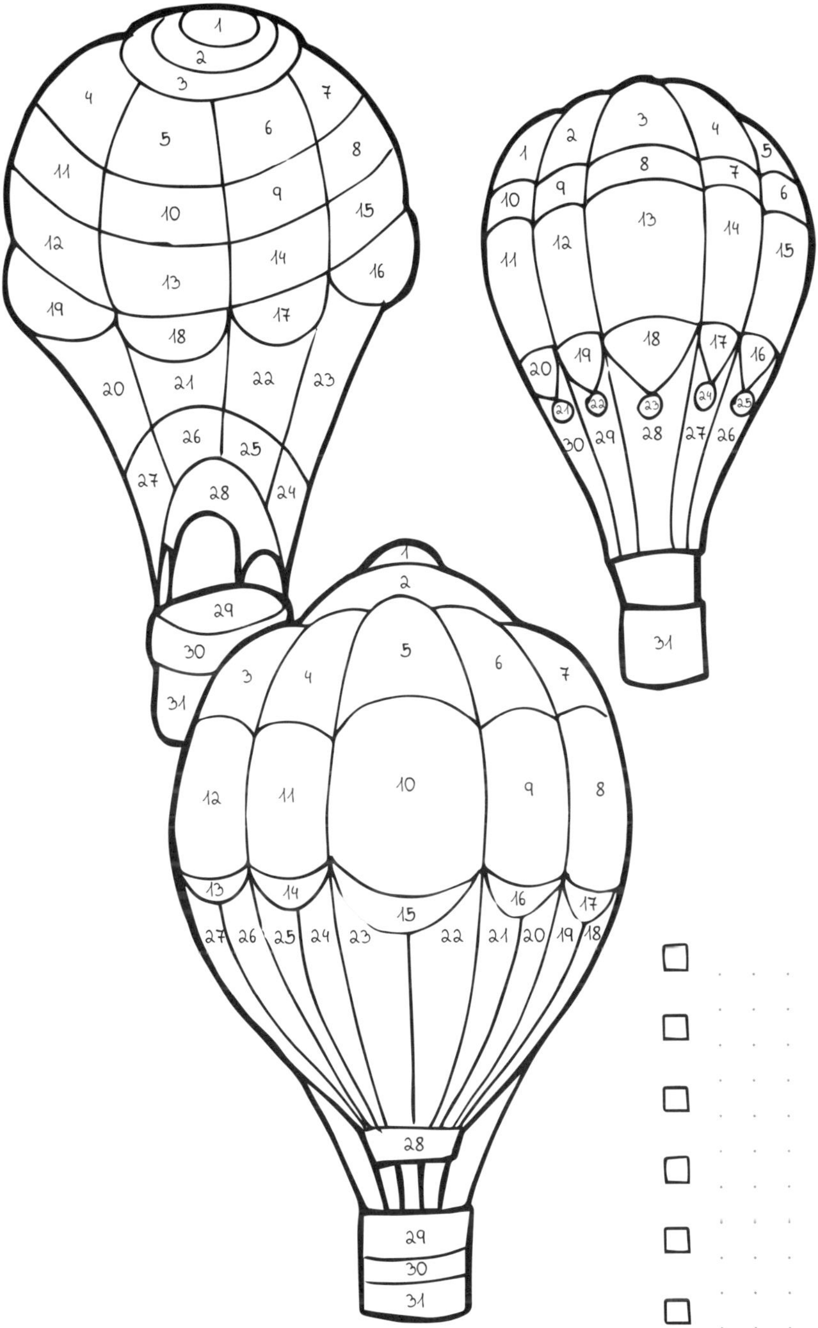
1 2 3 4 5 6 7 8 9 10 11 12 13 14 15 16 17 18 19 20 21 22 23 24 25 26 27 28 29 30 31
1 2 3 4 5 6 7 8 9 10 11 12 13 14 15 16 17 18 19 20 21 22 23 24 25 26 27 28 29 30 31
1 2 3 4 5 6 7 8 9 10 11 12 13 14 15 16 17 18 19 20 21 22 23 24 25 26 27 28 29 30 31

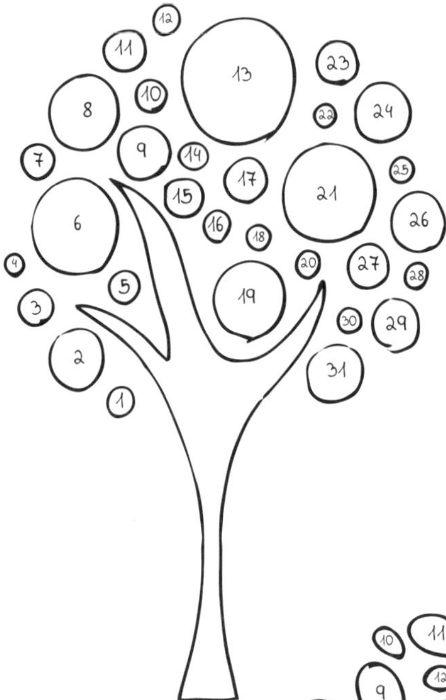
1
2
3
4
5
6
7
8
9
10
11
12
13
14
15
16
17
18
19
20
21
22
23
24
25
26
27
28
29
30
31

1
2
3
4
5
6
7
8
9
10
11
12
13
14
15
16
17
18
19
20
21
22
23
24
25
26
27
28
29
30
31

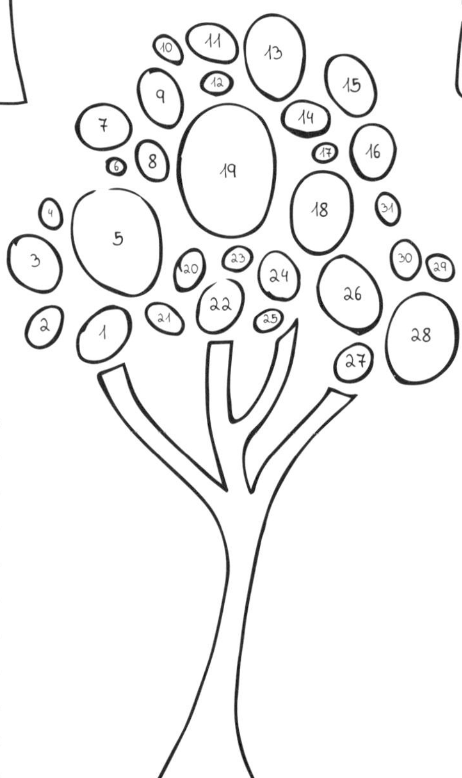
1
2
3
4
5
6
7
8
9
10
11
12
13
14
15
16
17
18
19
20
21
22
23
24
25
26
27
28
29
30
31

☐

☐

☐

☐

☐

☐

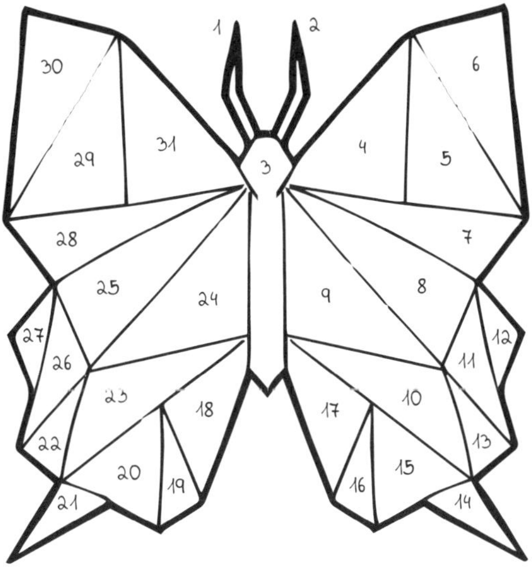

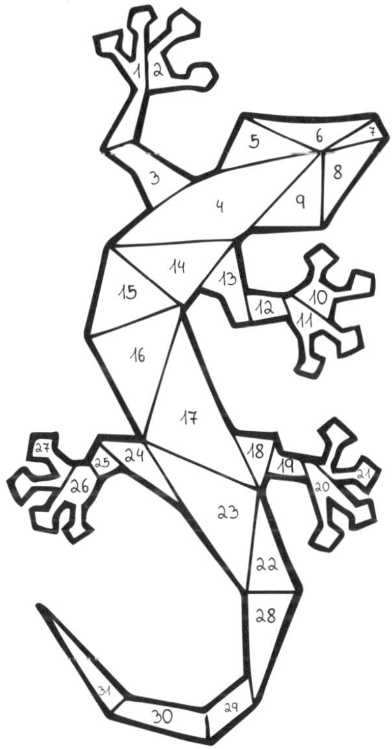

Ich bin
dankbar
für ...

Glück heißt nicht,
die ganze Zeit das
zu bekommen,
was man möchte.

Es heißt, das zu lieben,
was man hat,
und dankbar
dafür zu sein.

Wöchentlicher Essensplan

Montag	F	
	M	
	A	
Dienstag	F	
	M	
	A	
Mittwoch	F	
	M	
	A	
Donnerstag	F	
	M	
	A	
Freitag	F	
	M	
	A	
Samstag	F	
	M	
	A	
Sonntag	F	
	M	
	A	

Meine Einkaufsliste

Milchprodukte

- [ ]
- [ ]
- [ ]
- [ ]
- [ ]
- [ ]
- [ ]
- [ ]
- [ ]
- [ ]

Obst & Gemüse

- [ ]
- [ ]
- [ ]
- [ ]
- [ ]
- [ ]
- [ ]
- [ ]
- [ ]
- [ ]

Tiefkühlprodukte

- [ ]
- [ ]
- [ ]
- [ ]
- [ ]
- [ ]
- [ ]
- [ ]
- [ ]
- [ ]

Dosen & Gläser

- [ ]
- [ ]
- [ ]
- [ ]
- [ ]
- [ ]
- [ ]
- [ ]
- [ ]
- [ ]
- [ ]
- [ ]
- [ ]
- [ ]

Brot & Getreide

- [ ]
- [ ]
- [ ]
- [ ]
- [ ]

Fleisch

- [ ]
- [ ]
- [ ]
- [ ]
- [ ]

Anderes

- [ ]
- [ ]
- [ ]
- [ ]
- [ ]
- [ ]
- [ ]
- [ ]
- [ ]
- [ ]
- [ ]
- [ ]
- [ ]
- [ ]

Ausgaben Tracker

Fixkosten

Datum	Beschreibung	Kategorie	Betrag

Variabel

Datum	Beschreibung	Kategorie	Betrag

Sparen wie ein Profi

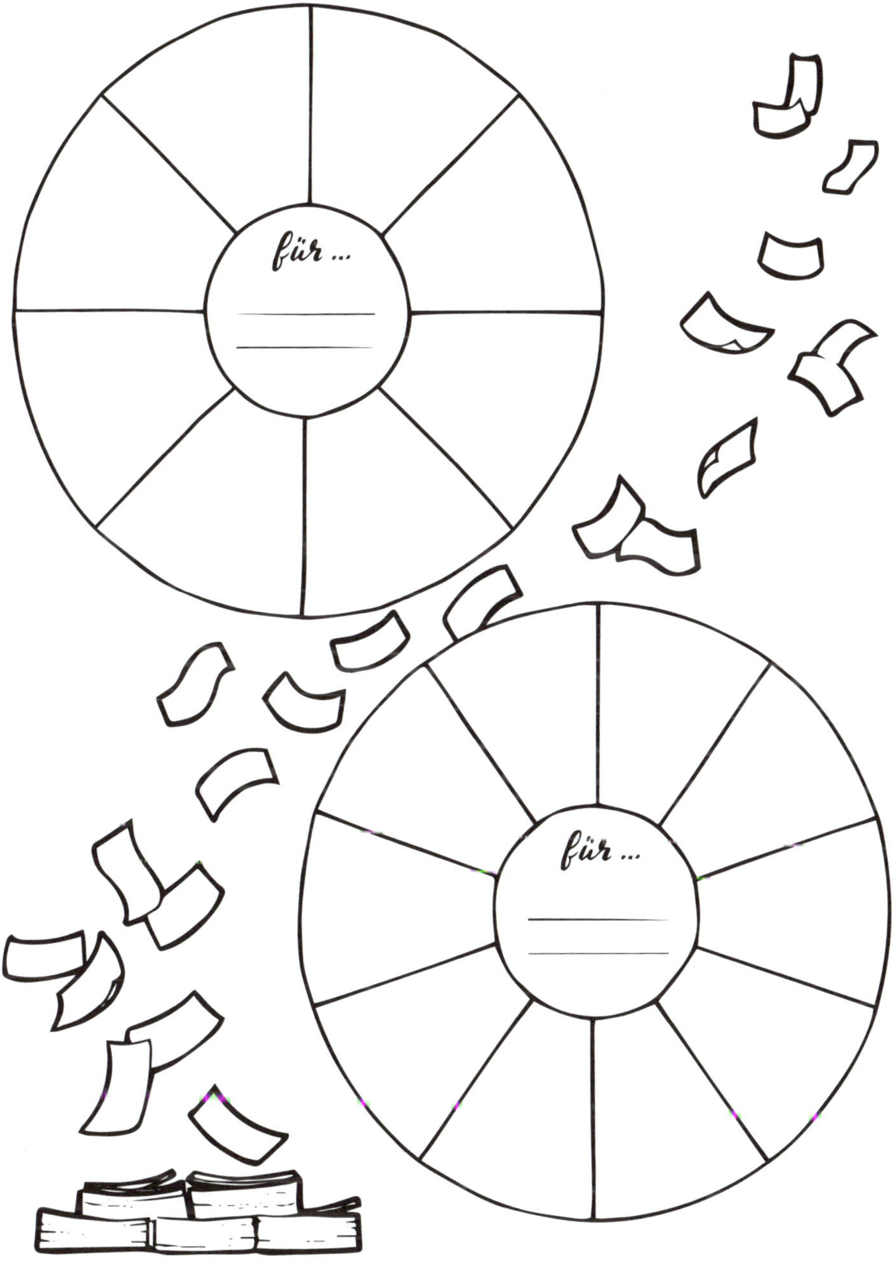

1 2 3 4 5 6 7 8 9 10 11 12 13 14 15 16 17 18 19 20 21 22 23

Wetter

Farbcode: ☐ ☐ ☐

1 2 3 4 5 6 7 8 9 10 11 12 13 14 15 16 17 18 19 20 21 22 23

Wetter

Farbcode: ☐ ☐ ☐

01
02
03
04
05
06
07
08
09
10
11
12
13
14
15
16
17
18
19
20
21
22
23
24

F
M
A

01
02
03
04
05
06
07
08
09
10
11
12
13
14
15
16
17
18
19
20
21
22
23
24

F
M
A

Schlaf Tracker

	J	F	M	A	M	J	J	A	S	O	N	D
01												
02												
03												
04												
05												
06												
07												
08												
09												
10												
11												
12												
13												
14												
15												
16												
17												
18												
19												
20												
21												
22												
23												
24												
25												
26												
27												
28												
29												
30												
31												

- ☐ 9h +
- ☐ 8-9h
- ☐ 7-8h
- ☐ 6-7h
- ☐ 5-6h
- ☐ 4-5h
- ☐ 4h-

Mein Ideal

. . . . . h .

von - bis

. . . . - . . .

So kannst du dein Bullet Diary ganz einfach aufhübschen

DU DENKST, DU BIST NICHT KÜNSTLERISCH BEGABT? KEIN PROBLEM! MIT DIESER ANLEITUNG KANN JEDER LERNEN, GANZ EINFACH KLEINE HÜBSCHE ZEICHNUNGEN ANZUFERTIGEN :)

Weißt du, wie ein kleines Kind lernt? Es kopiert, was um sich herum geschieht. Wenn wir versuchen, uns eine neue Fähigkeit beizubringen, ist dies ebenfalls der beste Weg. Denn in Bezug auf diesen Skill sind wir noch ganz am Anfang.

Das heißt, der beste Weg zu lernen, ist die Zeichnungen anderer zu kopieren. "Aber das darf man doch nicht!", denkst du? Falsch! Solange du dies nur zum Üben tust und diese Zeichnungen nicht als dein Werk ausgibst, ist dies absolut in Ordnung. Und auf diese Art haben die meisten von uns das Zeichnen gelernt.

Um es für dich einfacher zu machen, habe ich die nächsten zwei Seiten mit kleinen einfachen Zeichnungen gefüllt, welche du als Vorlage nutzen kannst. Damit du diese Vorlagen nicht für immer benötigst, sondern diese Sachen bald alleine zeichnen kannst, hier jetzt das "große Geheimnis":

Versuche nicht an einem Punkt anzufangen und von dort aus Linie für Linie zu zeichnen. Suche stattdessen die größte Form in der Zeichnung. Denn jede Zeichnung kann in einfache Formen wie Kreise, Ovale, Dreiecke und Vierecke zerlegt werden. Wenn du mit der größten davon anfängst und dich langsam zu den kleinen arbeitest, stellst du sicher, dass die Form stimmt. Und auch die Proportionen werden dir jetzt viel leichter gelingen.

Ein paar Beispiele dafür findest du auf den nächsten zwei Seiten. Viel Spaß beim Ausprobieren!

Tipp: Du kannst die Mitte eines Rechteckes finden, indem du ein Kreuz durch die Ecken zeichnest.

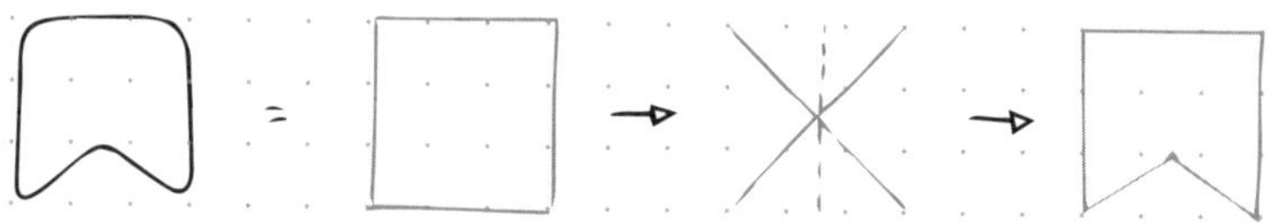

Tipp: Mache deine Zeichnungen “lebendiger”, indem du die Ecken abrundest oder Kurven anstelle von Geraden zeichnest.

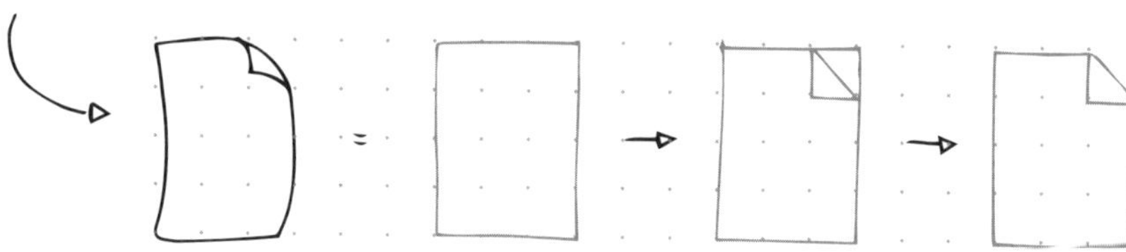

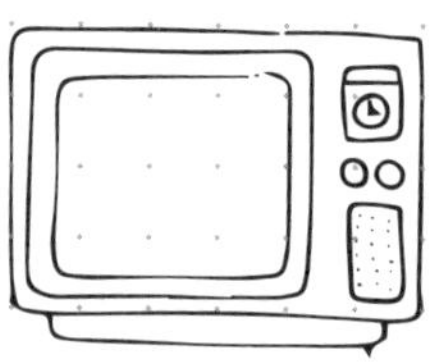

Auch wenn dieser alte Fernseher viel komplizierter aussieht als die Zeichnungen zuvor, ist das Prinzip das gleiche. Zeichne einfach ein Viereck bzw. Kreis nach dem anderen. Und beginne mit dem größten.

Bring Abwechslung in dein Bullet Diary, indem du deine Zeichnungen in Höhe und Breite variierst.

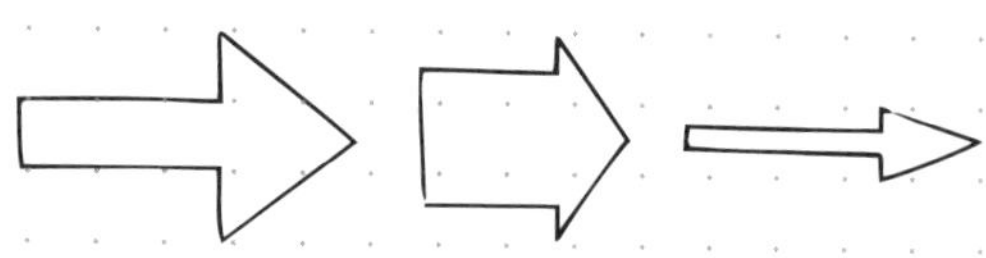

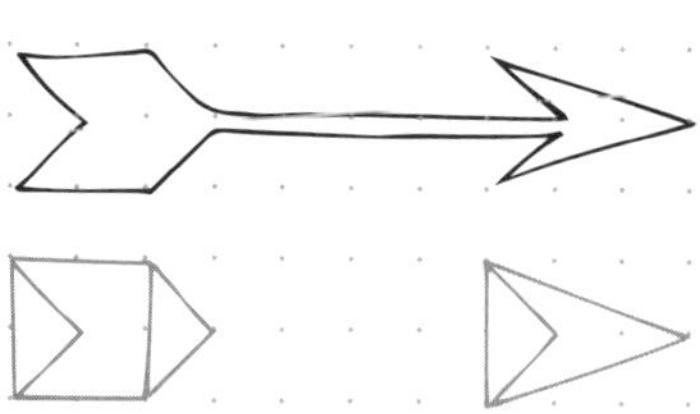

Auch dieser Pfeil besteht nur aus Vierecken und Dreiecken und du kannst ihn genauso einfach zeichnen wie seine Vorgänger. Probiere es!

Das Gleiche gilt für diesen Briefumschlag. Zeichne einfach alle Vierecke und Dreiecke mit Bleistift vor und male am Ende nur die mit einem Fineliner nach, die du sichtbar machen möchtest.

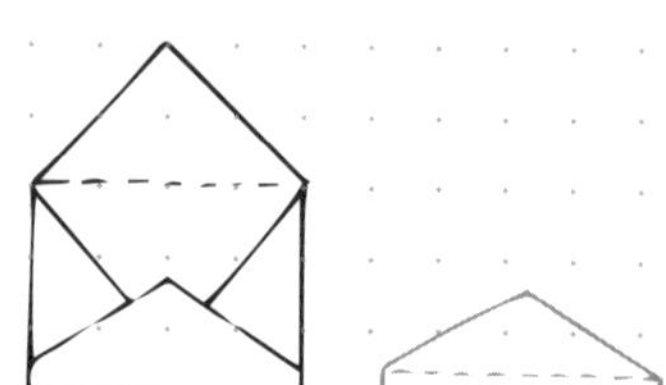

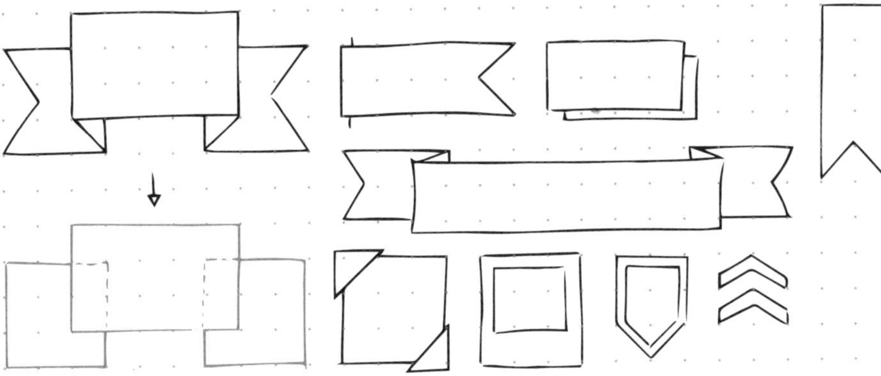

Tipp: Überlappungen kreieren Interesse.

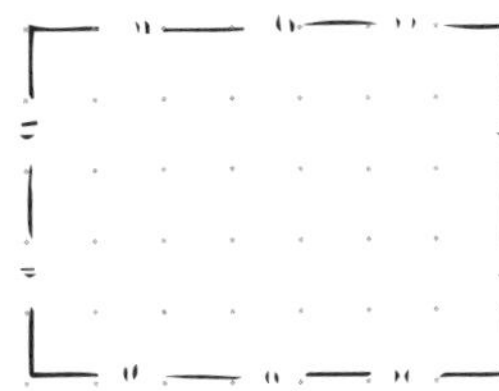

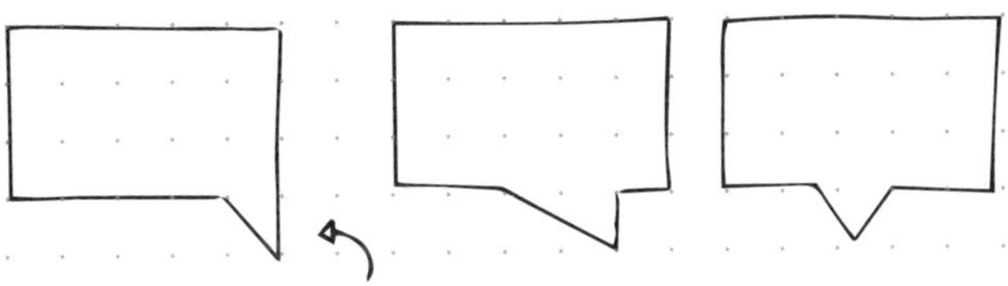

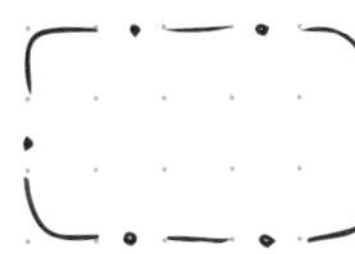

Selbst kleine Änderungen wie die Position der Sprechblasenmündung schaffen Variation. Experimentiere mit Größe, Position, Form und Linienart, um für Abwechslung zu sorgen :)

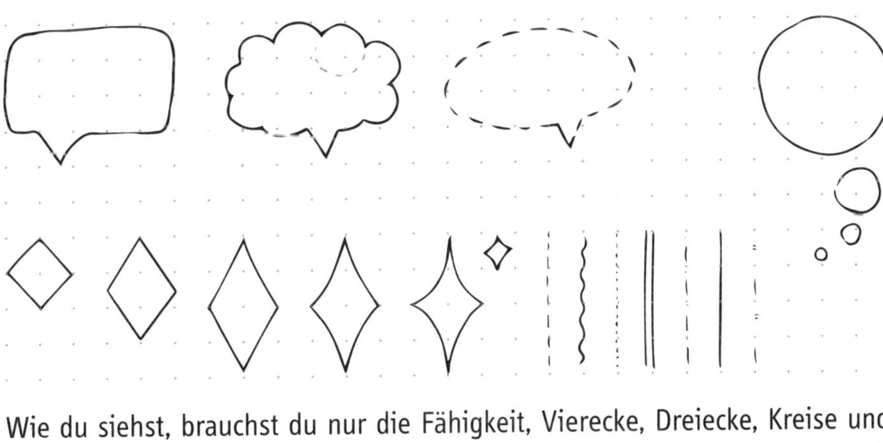

Wie du siehst, brauchst du nur die Fähigkeit, Vierecke, Dreiecke, Kreise und Ovale zu zeichnen. Alles andere sind Kombinationen dieser Formen. Fang mit einfachen Vorlagen an. Zeichne immer zuerst die größte Form und übe, was das Zeug hält. Ich weiß, du kannst alles schaffen, wenn du darauf hinarbeitest!

Bullet Diary Tipps

IST DIES DEIN ERSTES BULLET DIARY? DANN IST DIESER ABSCHNITT GENAU RICHTIG FÜR DICH :)

Seite 4-5: Der Index hilft dir, dein Bullet Diary zu navigieren. Trage den jeweiligen Monat hinter 'Plane deinen ...' ein. Nutze die Leerzeilen, um deine selbstgestalteten Seiten ebenfalls dem Index hinzuzufügen.

Seite 8-9: Diese Legende wird dir helfen, deine Aufgaben besser zu organisieren. Die leeren Zeilen ermöglichen dir, eigene Symbole festzulegen, welche du im Bullet Diary nutzen kannst.

Seite 10-13: Definiere Farben für jedes Ereignis. Markiere, von wann bis wann welches Ereignis stattfindet. Füge weitere Ereignisse hinzu, wie z. B. Klassenfahrten, Konzerte, Hochzeitstag, ... Die Farbcodes auf den Seiten 'Mood Tracker', 'Daily Log' sowie Schlaf Tracker funktionieren genauso.

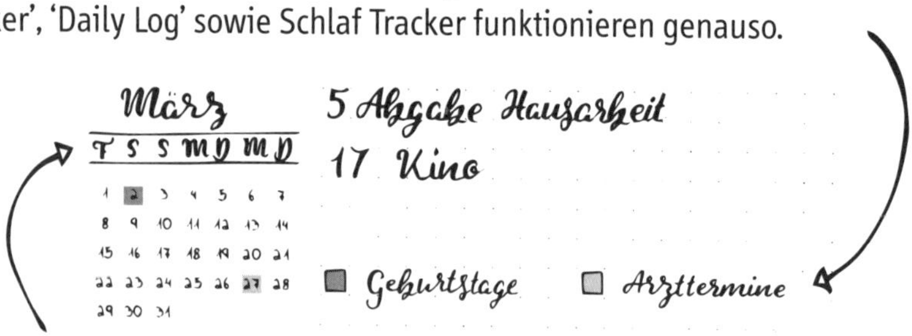

Trage die Wochentage mit den Kürzeln 'M, D, M, D, F, S, S' in der passenden Reihenfolge zum jeweiligen Monat ein. Auf diese Weise legst du fest, wann du dein Bullet Diary beginnst und ob du eventuell auch mal einen Monat aussetzt.

Vergiss nicht, die Anzahl der Tage eines jeden Monats anzupassen, z. B. indem du ein kleines schwarzes Herz über die 31 malst oder TippEx bzw. einen hübschen Sticker benutzt.

Seite 197: Schreibe bei 'für' auf, wofür du sparst. Nutze die Felder der Kreise, um die Beträge bis zum Zielbetrag zu staffeln. Male ein Feld farbig aus, sobald du diesen Betrag angespart hast.

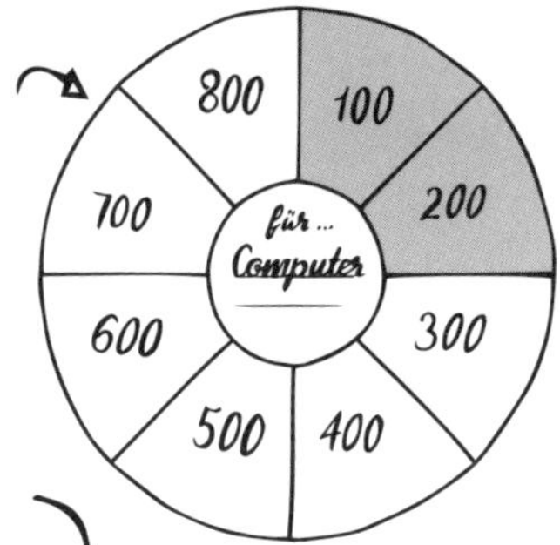

Seite 198-199: Nutze die Zeitskala, um zu dokumentieren, wie du deinen Tag genutzt hast.

Das Banner ist perfekt, um den Wochentag und das Datum zu notieren.

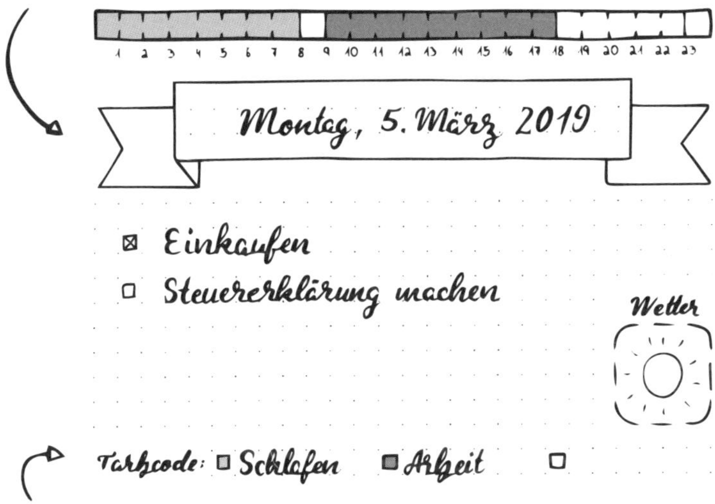

Der Farbcode hilft dir dabei, große Zeitrahmen wie 'Schlafen' und 'Schule/ Arbeit' zu definieren.

Falls Dir noch etwas unklar ist und du partout nicht weißt, wie du eine Seite am besten nutzen kannst, dann schreibe mir doch einfach eine E-Mail an sandra@wundertastisch.com. Ich liebe es, mit meinen Lesern zu kommunizieren und helfe, wo ich kann :)

Über die Autorin

Dieser Planer wurde für dich von der Berlinerin **Sandra Zint** entworfen.

Soweit sie zurück denken kann, hat sie all ihre Gedanken und Pläne immer auf Papier dokumentiert und mit kleinen Zeichnungen versehen. Als sie 2016 auf die **Bullet Journal Community** aufmerksam wurde, fühlte es sich an, als komme sie nach Hause. Von einem Tag auf den anderen fand sie Tausende von Menschen, die ihre Liebe zu Papier und Stift teilen und die ihre Kreativität auf die gleiche Art ausleben.

Dem Erfinder **Ryder Carroll** ist sie unheimlich dankbar, dass er ihrer Art, ihr Leben zu organisieren, einen Namen gegeben hat. Dank ihm sind Gleichgesinnte nur einen Mausklick entfernt.

Letztes Jahr hat Sandra bereits das erste Bullet Diary für TOPP entworfen. Dieses kam so gut bei euch an, dass sie dieses Jahr wieder eins kreiert hat. Alle Seiten sind komplett neu und mit viel Liebe zum Detail gestaltet.

Das erste Bullet Diary sollte euch einen Einblick geben, wie man seinen eigenen Planer gestalten kann. Das zweite geht noch einen Schritt weiter, denn ihr könnt es in jedem beliebigen Monat und Jahr starten. Des Weiteren enthält es einen ganzen Abschnitt, der euch zur freien Gestaltung zur Verfügung steht - so wie ihr es euch per E-Mail von ihr gewünscht habt.

Wenn Sandra nicht gerade am nächsten Buch sitzt, so fokussiert sie sich dennoch voll und ganz auf dieses Thema. Auf ihrer Online-Plattform wundertastisch.com inspiriert und unterstützt sie Gleichgesinnte. So kann man in einem kostenlosen

7-tägigen E-Mail Kurs genau lernen, wie man ein leeres Notizbuch in seinen eigenen Planer verwandelt. Zudem stellt sie jeden Monat einige ihrer Kreationen kostenlos zum Downloaden zur Verfügung.

Am aktivsten ist sie allerdings auf den Plattformen Instagram und Pinterest, wo sie nicht nur ihre eigenen Notizbuchseiten teilt, sondern auch die Seiten anderer, welche sie am meisten inspirieren.

Dies alles erlaubte ihr, ihr Hobby in einen Beruf zu verwandeln. Seit Dezember 2016 könnt ihr einen großen Teil ihrer wunderschönen, handgezeichneten Planerseiten als **Sticker und digitale Downloads auf Etsy erwerben**.

Diese dienen nicht nur dazu, deine Notizbücher aufzuhübschen, sondern zielen vor allem darauf ab, dass du dich besser organisieren kannst.

Sandra möchte Menschen mit ihren Kreationen inspirieren und ihnen Mut machen, ihren Weg zu gehen. Sie ist überzeugt, dass du all deine selbst gesteckten Ziele erreichen kannst, wenn du bewusst und kontinuierlich darauf hinarbeitest, sie in die Tat umzusetzen.

Sandra würde sich sehr freuen, wenn auch du dich der Bullet Journal Community anschließt!

Finde Sandra online

Blog: https://www.wundertastisch.com
Etsy-Shop: wundertastischdesign.etsy.com
Dawanda: wundertastisch.dawanda.de

Instagram: @wundertastischdesign
Pinterest: pinterest.com/wundertastisch

Fragen oder Anregungen zum Bullet Diary?
Schreibe Sandra einfach eine E-Mail an
sandra@wundertastisch.com

Scan mich!

Ein paar abschließende Worte der Autorin/Designerin:

Danke!

Es war mir eine große Freude, diesen Planner für dich zu entwerfen. Er basiert, genau wie sein Vorgänger, auf dem System, was ich für mich selbst entwickelt habe und jeden Tag nutze. Von daher freut es mich umso mehr, dass ich es mit dir teilen kann!

Ich hoffe, du leistest mir Gesellschaft und legst deinen eigenen Planer an, sobald du diesen gefüllt hast. Du brauchst nicht mehr dafür als ein einfaches Notizbuch und deinen Lieblingsstift. Fülle es mit den Seiten, für die du in diesem Buch keinen Platz mehr hattest.

Es gibt kein Richtig oder Falsch in deinem eigenen Kalender. Tobe dich aus und experimentiere, bis du das passende System für dich gefunden hast.

Und denke daran, wir verändern uns kontinuierlich. Also erlaube auch deinem Bullet Diary, sich mit dir zu entwickeln und sich an deine Bedürfnisse anzupassen. Du schaffst das!

TIPP: Nutze den Hashtag **#bulletdiary** auf Social Media, um ganz einfach Menschen zu finden, die das Bullet Diary ebenfalls tagtäglich nutzen, und tauscht euch aus! :)

Vielen Dank und alles Liebe,

Sandra

Autorin & Designerin von wundertastisch.com

START NOW

EBENFALLS VON DER AUTORIN SANDRA ZINT:

ISBN 978-3-7724-8326-4

GTIN 40-07742-18009-6

WEITERE BÜCHER ZUM THEMA AUS DEM FRECHVERLAG:

ISBN 978-3-7724-7805-5

ISBN 978-3-7724-8149-9

ISBN 978-3-7724-8148-2

IMPRESSUM

Illustrationen: Sandra Pinkert
Konzept und Produktmanagement: Nina Armbruster
Lektorat: Julia Lucas, Düsseldorf
Layout und Satz: Sandra Pinkert
Herstellung: Katrin Röhlig
Druck: DRUK-INTRO S.A., Polen

1. Auflage 2018

ISBN 978-3-7724-8354-
Best.-Nr. 835